Mein liebes Weibchen!
Potsdam ist ein teurer Ort ...
So musst Du Dich bei meiner
Rückkehr schon mehr auf mich
freuen als auf das Geld.

Wolfgang Amadeus Mozart
(1756–1791)

Potsdam

Stadt- und Baugeschichte
beschrieben
von

Erik Gloßmann

Trotz gewissenhafter Bearbeitung kann eine Haftung für den Inhalt nicht übernommen werden. Für aktuelle Ergänzungen und Anregungen ist der Verlag jederzeit dankbar. Wir bedanken uns bei allen, die uns unterstützt haben.

Impressum

Gerichtsweg 28, 04103 Leipzig
Tel.: 0341 / 493574-0, Fax: 0341 / 493574-40
www.buchverlag-leipzig.de

Titelfoto: Das Marmorpalais am Heiligen See
Foto Seite 2: Das Brandenburger Tor in Potsdam
Bildnachweis: Seite 128
Gestaltung und Satz: Uta Wolf, Quedlinburg
Druck: Druckhaus Gera
Bindearbeiten: Müller Buchbinderei GmbH, Leipzig
Printed in Germany

1. Auflage 2024
ISBN 978-3-89798-685-5

Inhalt

Zur Einführung: Warum Potsdam?

Potsdam ist vielseitig: Hauptstadt des Landes Brandenburg, Verwaltungszentrum, Stadt der Wissenschaften und Künste, mit allein 16 Schlössern gesegnet, eingebettet in eine in Jahrhunderten entstandene Kulturlandschaft. Kein Wunder, dass die Stadt wächst und Jahr für Jahr fast 400.000 Besucher anzieht.

Ist Potsdam nur ein touristischer Sidekick von Berlin? Die Potsdamer meinen, es sei andersherum. „Berlin hat, fast vor seinen Toren, das größte und schönste Museum für Kunst und Geschichte (...). Man hat Berlin

nur zur Hälfte gesehen, wenn man nicht gründlich und genau Potsdam gesehen hat", urteilte vor über neun Jahrzehnten der Kunsthistoriker Paul Ortwin Rave. Daran hat sich nichts geändert.

Es ist leicht, viele hundert Seiten über Potsdam zu schreiben. Schwieriger ist es, ein Büchlein über eine so bedeutende Stadt zu verfassen, das in eine Westentasche passt. Deshalb können in dieser Publikation nicht alle Aspekte berücksichtigt werden. In erster Linie geht es hier um das Sichtbare, um die Stadtgeschichte als Architektur- und Baugeschichte. Um den Text zu komprimieren, wurde auch sprachlich gestrafft. Selbstverständlich haben nicht die Architekten und Bauherren Gebäude errichtet, sondern viele ungenannte Maurer, Zimmerleute, Stuckateure, Maler ...

Dieses Buch möchte die Geschichte Potsdams chronologisch umreißen, kurz und knapp. Einen Touristenführer kann und will es nicht ersetzen, aber vielleicht zum besseren Verständnis des Gewordenen beitragen.

Seite 8/9: Blick über die Havel auf Potsdam

Verschenkt, verspielt, verpfändet: Vom Fischerdorf zum Schwedenlager

Der heutige Name Potsdam leitet sich vom slawischen Poztupimi ab – so oder ähnlich wurde ein Fischerdorf bezeichnet, das sich vermutlich seit der Bronzezeit an der Havel gegenüber der Nuthemündung befand. Hier siedelten seit dem 8. Jahrhundert Stodoranen, auch Heveller (Havelleute) genannt. Zu ihrem Schutz errichteten sie eine Inselburg, ein zweistöckiges Gebäude mit spitzem Giebel, das durch Wälle und eine Zugbrücke gesichert war.

Die einst aus Schwemmland entstandene Freundschaftsinsel

Im Jahr 919 besiegte der ostfränkische König Heinrich einige slawische Stämme und machte sie tributpflichtig. Ihr Land teilte er in Marken auf. Sein Sohn Otto I. gründete im Hevellerland ein Missionsbistum. Aber das Blatt wendete sich noch einmal. Im Jahr 983 erhoben sich die Slawen gegen die Tributherrschaft. Mitten im Krieg, am 3. Juli 993, unterzeichnete der unter Vormundschaft seiner Oma Adelheid stehende dreizehnjährige König Otto III. in Merseburg eine Urkunde, in welcher er seiner Tante Mathilde, Äbtissin des Klosters Quedlinburg, die Dörfer Poztupimi und Geliti (Geltow) zur freien Verfügung schenkte - und der Nachwelt den ersten schriftli-

Schenkungsurkunde vom 3. Juli 993

chen Beleg für die Existenz der beiden Siedlungen. Im Jahr darauf befreiten die Heveller ihr Land und schlossen 996 Frieden mit den Deutschen. Nun hatten die Slawen rund 100 Jahre Zeit, sich untereinander zu bekriegen, während die Christen im Nahen Osten Jerusalem einnahmen. Dabei fiel ihnen wohl ein, dass sie im näheren Osten auch eine Mission zu erfüllen hatten. 1108 blies der Erzbischof von Magdeburg zum Kreuzzug gegen die Slawen, bei dem Land, Korn und Vieh zu gewinnen seien. Zu den Unterzeichnern des Aufrufs gehörte auch Graf Otto von Ballenstedt aus dem Geschlecht der Askanier.

Wenn Gier, missionarischer Eifer und Skrupellosigkeit sich verbünden, haben die Nachbarn in der Regel nichts zu lachen. Erfolg hat oft derjenige, der in der Wahl seiner Mittel variabel ist. Als Graf Otto 1115 erfuhr, dass Slawen über die Elbe vorgedrungen waren, schwänzte er kurzerhand die Schlacht zwischen dem Heer Kaiser Heinrichs V. und den Sachsen und besiegte die Eindringlinge bei Köthen. Außerdem erwarb er Teile des Zerbstgaus, hielt aber Frieden mit seinen neuen Nachbarn, den Hevellern. Als Otto 1123 starb, ging sein Sohn Albrecht „der Bär" diesen Weg weiter. Er unterstützte den kinderlosen Heveller-Prinzen Pribislaw, der ihn zum Dank als Erben einsetzte. Als Pribislaw 1150 starb, fiel das Havelland kampflos an Albrecht, der sich ab 1157 Markgraf von Brandenburg nannte. Er holte aus Flandern, dem Rheinland und

Holland christliche Siedler heran, die dem Handwerk Aufschwung gaben. Die Fischer von Poztupimi bekamen also neue Nachbarn, die in der Gegend des heutigen Alten Markts eine Kirche und eine steinerne Turmburg bauten, denn Poztupimi lag wegen des Havelübergangs an einer strategisch wichtigen Stelle. Im Jahr 1317 wurde „Postamp" als Stadt erstmals urkundlich erwähnt und bekam 1345 offiziell das Stadtrecht verliehen. Doch mit rund 1000 Einwohnern blieb Postamp ein ärmliches Nest, um das selbst die berüchtigten Raubritter einen Bogen machten. Auch die hoch verschuldeten Markgrafen hatten kein Interesse an der Kleinstadt, weshalb Postamp

1323 zum ersten Mal und danach immer wieder verpfändet wurde. Es muss für die Postamper spannend gewesen sein, wer beim nächsten Mal seine Steuereintreiber schickte. Die erste namentliche Erwähnung eines Bürgers von Postamp ist aus dem Jahr 1409 überliefert, aber nur, weil dieser – möge er vergessen sein – in Berlin als Pferdedieb gehenkt wurde. Einiges änderte sich, als Burggraf Friedrich von Hohenzollern 1415 Kurfürst wurde. Die Postamper huldigten ihm und bekamen, nicht zuletzt, weil Gefolgsleute Friedrichs beim Überqueren der Havel mittels Fähre beinahe ertrunken wären, eine Brücke geschenkt und 1424 das Marktrecht verliehen.

1957/63 wieder errichtet:
Lange Brücke

Die Handwerker – Weber, Schneider, Schuhmacher, Bäcker, Schmiede, Tischler – organisierten sich in Zünften, daneben gab es weiterhin Kleinfischer. Ein achtköpfiger Stadtrat entschied oft selbstherrlich über die Kommune, was zu Konflikten mit der Bürgerschaft führte. Um mehr Transparenz herzustellen, delegierten die Bürger zwei Beisitzer in den Rat, aber die Lage entspannte sich nicht. Kurfürst Friedrich II. nutzte die Situation und ersetzte die Beisitzer durch einen Amtshauptmann, der in der Burg residierte und dem der Rat nun rechenschaftspflichtig war. Die städtischen Freiheiten wurden eingeschränkt. Während sich Bürger, Rat und kurfürstliche Beamte weiter zankten, predigte im baufälligen städtischen Kirchlein plötzlich ein evangelischer Pfarrer. (Böse Zungen behaupten, die letzten Heiden von Postamp hätten den römisch-katholischen Glauben übersprungen und seien gleich Lutheraner geworden.)

1536 brannte die Stadt und 1550 wieder; diesmal vernichteten die Flammen fast alle Fachwerkhäuser, das Rathaus und die Kirche. Postamp war so arm, dass die Landstände für den Wiederaufbau Geld geben mussten; Kurfürst Joachim II. spendierte eine neue Kirche.

Im Jahr 1598 wurde Joachim Friedrich Kurfürst; er war seit 1570 mit seiner

Großtante Katharina von Brandenburg-Küstrin verheiratet. Die beiden beschlossen, dass Postamp Witwensitz Katharinas sein möge, und ließen die Burg zu einem Renaissanceschloss mit Lustgarten umbauen. Doch es kam anders: Die Kurfürstin starb bereits 1602; Gemälde und Möbel wurden wieder entfernt. Ihr Sohn Johann Sigismund verpfändete Postamp 1611 an seinen Kammerherrn und Saufkumpan Wulf Dietrich von Hake.

Dann dämmerte Postamp, ähnlich schlecht gerüstet wie die anderen brandenburgischen Städte, einem Krieg entgegen, der dreißig Jahre dauern sollte. Georg Wilhelm, seit 1620 Kurfürst, versuchte, sein Land aus den

Konflikten herauszuhalten, erreichte aber das Gegenteil: Schon wegen der exponierten Lage war die Mark besonders von Kriegssteuern, Plünderungen und Einquartierungen betroffen. In Postamp traf es vor allem die Wohngebiete außerhalb der Mauern, den Kiez.

1631 lagerten schwedische Truppen auf dem **Brauhausberg** und raubten, was nicht niet- und nagelfest war. Die meisten Postamper starben aber nicht durch Kampfhandlungen, sondern durch Hunger, Typhus und Pest. Nach dem Ende des Dreißigjährigen Kriegs

Der Brauhausberg mit dem Turm der ehemaligen Militärschule

waren von 198 Häusern nur noch 50 bewohnbar, die Bevölkerung war von rund 2000 auf weniger als 800 reduziert.

1652 erschien im Verlag von Matthäus Merian die dem seit 1640 amtierenden Kurfürsten Friedrich Wilhelm gewidmete „Beschreibung der vornehmsten und bekantisten Stätte und Plätz in dem hochlöblichsten Chur-Fürstenthum und March Brandeburg und dem Hertzogthum Pommeren". Auf der Übersichtskarte fand man da, wo die Notte (Nuthe) in die Havel mündet, ein mit „Potstain" bezeichnetes Pünktchen. Der Text lautete: „Im Havelande und an der Havel zwischen Brandeburg und Spandau gelegen; so (...) Postenium nennet und under die Märckische Städtlein und Städte an der Havel zehlet. Alhie ist ein Churfürstlich Hauß und Ampt: und weilen die Havel, Notte und andere kleine Ströme dieses Orths einen Werder machen wird solcher mit denen darin beschlossenen Dörffern der Potstambische Werder genandt: Allwo An. 1631 den 7. Maji die Schwedische Armee ein Läger geschlossen." Mehr war über Potsdam damals nicht zu sagen.

Potsdam wird Residenz- und Garnisonsstadt

Friedrich Wilhelm visitierte die wüste Stadt und die als Jagdgebiet hervorragend geeignete Umgebung und beschloss, den „Potstambischen Werder" zu einer Gartenlandschaft zu machen und eine zweite Residenz zu erbauen. 1660 wurde Letzteres beschlossen, nachdem es dem Kurfürsten gelungen war, Schloss und Amt sowie weitere Dörfer auszulösen bzw. zu erwerben. 1662 begann die Überbauung des maroden Renaissanceschlösschens und die Erweiterung zu einem repräsentativen Stadtschloss nach Plänen von Philip de Chiese, wobei der Kurfürst höchstselbst seine Vorstellungen einfließen ließ. Ein Garten mit Bassins und Springbrunnen entstand. Die Arbeiten wurden unter den Baumeistern Johann Gregor Memhardt und Johann Arnold Nering bis 1687 abgeschlossen. Nehring entwarf auch die Orangerie, die später zum **Marstall** (heute: **Filmmuseum**, siehe Foto Seite 31) umgebaut wurde.

Bereits 1671 hatte Friedrich Wilhelm die „Postambsche Stadt- und Kirchenordnung" erlassen, die Wassernutzung, Tierhaltung, Brandschutz, Instandhaltung der Gebäude und Säuberung der Gassen regelte. 1685 unterzeichnete der Kurfürst im Schloss das „Edikt von Potsdam", das den aus Frankreich vertriebenen Hugenotten eine neue Heimat in der Mark Brandenburg zusicherte – und in der Folge qualifizierte Handwerker ins Land brachte. Der Große Kurfürst, wie er nach dem Sieg über die Schweden 1675 bei Fehrbellin genannt wurde, starb am 29. April 1688 im Potsdamer Schloss. Er hatte seiner Nebenresidenz durch das Schloss mit dem ersten Lustgarten Deutschlands, die von Jachten befahrenen Gewässer und aufwändige Jagdspektakel im eigens angelegten Wildpark zum ersten Mal so etwas wie Glanz verliehen.

Unter seinem Sohn Friedrich III., wegen seines Buckels auch „schiefer Fritz" genannt, wurden die Arbeiten fortgesetzt und vor allem das Innere

Die Pferdeskulpturen erinnern an die einstige Nutzung als Marstall

MUSEUM POT

des Schlosses prunkvoll ausgestaltet, denn Fritz liebte es, Gäste zu bewirten. Allerdings hielt er sich lieber in Berlin auf und gab viel Geld dafür aus, das dortige Schloss zu erweitern. Immerhin ließ er in Potsdam die französische Kirchstraße (heute: Französische Straße) anlegen und beauftragte Jean de Bodt, den Eingang zum nördlichen Schlosshof zu gestalten. So entstand das bekannte Fortunaportal, das im Jahr 1701 eingeweiht wurde, als es der „schiefe Fritz" endlich geschafft hatte, in dem kleinen baltischen Herzogtum Preußen König zu werden. Dafür hatte er den Kaiser in Wien mit 8.000 – nein, nicht Talern, die waren alle – wehrfähigen Brandenburgern geschmiert. 1709 konnten die etwa 1.500 Potsdamer ganz stolz sein, denn in ihrer Stadt fand das sogenannte Dreifriedrichs – pardon – Dreikönigstreffen statt. Am 2. Juli reisten Friedrich August II., Kurfürst von Sachsen und ehemaliger wie zukünftiger König von Polen, und Friedrich IV. von Dänemark aus Dresden an und wurden von Preußenkönig Friedrich I. standesgemäß empfangen. Man feierte drei Tage lang und ging am vierten, dem 5. Juli, auf die Jagd. Höhepunkt des Partymarathons war die Schiffstour zum Lustschloss Caputh. Für seine Luxusjacht „Liburnica" hatte Friedrich den Lustgarten erweitern und an der Ostseite des Schlosses einen Hafen bauen lassen, das heutige **Neptunbassin** (siehe Foto).

Am selben Tag verloren die Schweden die Schlacht bei Poltawa, und als die drei Friederiche am 10. Juli in Berlin die eigentliche Konferenz abhielten, endete diese wie so manches Gipfeltreffen danach: außer Spesen nichts gewesen. Die Zeche hatte natürlich der Gastgeber zu zahlen, der dazu einen Kredit aufnehmen musste. Als Friedrich I. am 25. Februar 1713 starb, vererbte er seinem Sohn eine kleine Krone und einen großen Schuldenberg.

Dieser Sohn, Friedrich Wilhelm I., war aus anderem Holz geschnitzt. Sein Hobby waren Soldaten. Die Potsdamer staunten nicht schlecht, als am 3. Juli

1713 sechshundert „Rote Grenadiere" einmarschierten. Keiner war kleiner als 1,88 Meter, weshalb die Gardisten auch „Lange Kerls" genannt wurden. Eine starke Armee, funktionierende Verwaltungen und wirtschaftlicher Fortschritt waren dem „Soldatenkönig" wichtiger als kostspielige Repräsentation, weshalb er viele Schlösser verkaufte oder verpachtete und die verbliebenen plünderte. Auch Inventarien des Potsdamer Schlosses wurden zum Teil verkauft, die Wasserspiele abgestellt und große Teile des Lustgartens als Exerzierplatz genutzt. Friedrich Wilhelm I. machte Potsdam zur Garnisonsstadt. 1722 ließ er im Zuge der ersten barocken Stadterweiterung den Stadtgraben durch einen 1,5 Kilometer langen Kanal ersetzen, stiftete das erste Militärwaisenhaus, ließ eine Gewehrfabrik gründen und eine Reit- und Exerzierhalle bauen (1734 als Langer Stall erneuert).

Auch ein zentraler Platz wurde neu geschaffen, indem man den Faulen See trockenlegte und bepflanzte. Er bekam später den Namen Wilhelmplatz (1946 umbenannt in Platz der Einheit). Ab 1733 erfolgte der zweite Bauabschnitt. Das kleine Potsdam mit etwa 220 Häusern wurde unter dem Soldatenkönig zu einer Stadt mit über 1150 Gebäuden ausgebaut; die Fläche wuchs von 44 Hektar auf fast 150 Hektar. Mehrmals musste die Stadtmauer

versetzt werden. Aus der Zeit Friedrich Wilhelms I. ist allerdings nur noch das Jägertor von 1733 erhalten.
1734 begann die Errichtung des Holländischen Viertels; von den 134 Traufen- und Giebelhäusern aus rotem Backstein sind noch 120 zu bewundern (siehe Foto). Beim Wohnungsbau wurde darauf geachtet, dass genügend Giebelzimmer dazukamen, in denen Soldaten einquartiert werden konnten. Im Prinzip bestimmte das Militärische (fast) alle Unternehmungen des Königs. 1735 wurde die Garnisonkirche geweiht, die nach Plänen von Philipp Gerlach gebaut worden war. Wenn sich der König einmal selbst etwas gönnte, blieb er bescheiden. So ließ er sich

Jan Bouman Haus
8

1730 bis 1732 in der Parforceheide ein Jagdhaus im holländischen Stil bauen. Es ist heute das älteste noch fast original erhaltene Schloss in Potsdam.

Für seine Armee gab der Soldatenkönig viel Geld aus und erweiterte sie von 40.000 auf 76.000 Mann. Klug hielt er sich aus militärischen Auseinandersetzungen heraus. Unter seiner Regierung wuchs die Einwohnerzahl von rund 1.500 auf fast 12.000, wobei fast ein Drittel Militärangehörige waren. Friedrich Wilhelm I. starb am 31. Mai 1740 und wurde in der Garnisonkirche beigesetzt. Seinem Sohn Friedrich hinterließ er eine große, wenn auch nicht kampferprobte Armee und eine gut gefüllte Staatskasse.

Einer liebt die Stadt – Potsdam unter Friedrich II.

Dem Soldatenkönig war Potsdam vor allem Mittel zum Zweck gewesen; die Stadt hatte ein wenig an Glanz verloren, dafür aber an Größe und Bedeutung gewonnen. Unter Friedrich II. nahm der repräsentative Charakter zu, denn er schätzte Potsdam mehr als Berlin. Schon als Kronprinz war ihm das Areal vor dem Brandenburger Tor, wo sein Vater einen spöttisch „mein Marly" genannten Küchengarten unterhalten hatte, ins Auge gefallen. 1744 befahl Friedrich, den Südhang des kahl geschlagenen Bornstedter Mühlenbergs durch Terrassen zu gliedern und mit Wein- und Obstsorten zu bepflanzen. Am Fuße des Hügels entstand ab 1745 der barocke Ziergarten mit der **Brunnenanlage** (siehe Foto). 1748 wurde die Große Fontäne installiert, die seit 1750 von zwölf Marmorstatuen umstanden wird.

Das kleine Sommerschloss Sanssouci (franz.: ohne Sorge) entstand zwischen 1745 und 1747 nach Entwürfen des Königs im Rokoko-Stil, verantwortlich war der Architekt Georg Wenzeslaus von Knobelsdorff. Friedrich nutzte es ausschließlich für sich selbst – seine Frau soll es nur 1757 gesehen haben, als sie wegen des Siebenjährigen Krieges nach Magdeburg fliehen musste. In Sanssouci wohnte der

König von April bis Anfang Oktober und ging, wenn er nicht gerade Krieg führte, seinen Hobbys nach: Musizieren, Komponieren, Philosophieren. Für nicht winterfeste Pflanzen ließ er von Knobelsdorff westlich des Schlosses eine Neue Kammern genannte Orangerie bauen. Das Ensemble von Sanssouci wurde 1764 durch die nach Entwürfen von Johann Gottfried Büring errichtete Bildergalerie ergänzt; kriegsbedingt hatte die Bauzeit ganze neun Jahre betragen. Preußen war nun eine europäische Großmacht, jedoch in jeder Beziehung ausgeblutet. Das durfte sich ein Herrscher, der jetzt „der Große" genannt wurde, natürlich nicht anmerken lassen.

So entstand von 1763 bis 1769 das größte der Schlösser von Sanssouci, das **Neue Palais** (siehe Foto Seite 46/47), mit dem vor allem Staatsgäste beeindruckt werden sollten. Die Architekten Büring und Manger schufen ein spätbarockes Meisterwerk mit einem Theater und prunkvollen Sälen, das allerdings bald erhebliche Baumängel offenbarte – das Geld hatte nicht gereicht. Zu einem Denkmal für den Sieg im dritten der Schlesischen Kriege wurde das 1770 nach Entwürfen von Unger und Gontard errichtete **Brandenburger Tor** (im Bild Seite 2), durch welches der König zu seinem geliebten Sanssouci gelangte. Doch auch Potsdams Innenstadt musste Eindruck

schinden, denn im Stadtschloss am Alten Markt hatte Friedrich ja seine eigentliche Residenz. 1753 schufen Jan Bouman d.Ä. und Christian Ludwig Hildebrandt jenen dreigeschossigen, von einem kupfervergoldeten Atlas gekrönten Bau, den man später Altes Rathaus nannte. Mit einem von Carl von Gontard 1771 bis 1772 erbauten Bürgerhaus, das nach dem römischen Palazzo, der als Vorbild gedient hatte, Barberini genannt wurde, sah der Alte Markt dann fast so aus, wie wir ihn heute sehen. Fehlt etwas? Ach ja, der 1753 bis 1755 errichtete fast 20 Meter hohe Obelisk, der mit antiken Rednerfiguren, Sphinxen und Herrschermedaillons geschmückt war. Er wurde

1969 wegen Baufälligkeit abgetragen und 1979 neu aufgebaut, wobei man die Hohenzollern durch Bildnisse von Architekten ersetzte, die sich um Potsdam verdient gemacht hatten: Knobelsdorff, Gontard, Schinkel und Persius.

Potsdam blühte nicht nur architektonisch auf. In die nun wahrhaft königliche Residenz zogen Künste und Wissenschaften wieder ein, die der Soldatenkönig weggespart hatte. Die Freude der Potsdamer war aber nicht ungetrübt. Friedrich II. hatte die Garnison vergrößert und den Bürgern weitere unangenehme Einquartierungen beschert. Die Zahl der Waisen wuchs ebenso wie die der Bastarde und verarmten Familien. Für diese Kinder – zu Friedrichs Zeiten waren es fast 1.500 – baute Gontard 1771 bis 1778 das **Große Militärwaisenhaus**, dessen 26 Meter hohe Säulenkuppel mit der Caritas-Figur das Stadtbild prägte (siehe Foto).

Am 17. August 1786 starb der „Alte Fritz". Er wurde nicht, wie von ihm selbst angeordnet, in der Gruft beigesetzt, die er sich am Schloss Sanssouci 1744 hatte ausbauen lassen, sondern neben seinem Vater in der Garnisonkirche. Sein Neffe und Nachfolger Friedrich Wilhelm II. war der Meinung, es gehöre sich nicht für einen König, lieber neben seinen Hunden als neben seinen Verwandten zu liegen.

Ein neuer Stil, Napoleon und Lennés Vision

Friedrich Wilhelm II., der Sohn von Friedrichs Bruder August Wilhelm, hieß im Volksmund „der dicke Lüderjahn", weil er lieber Frauen als Provinzen eroberte. Mit ihm hielt ein neuer Baustil in Potsdam Einzug, der Klassizismus. So entstand ab 1787 am Heiligen See nach Plänen Gontards ein neues Sommerschloss, nach dem verwendeten Material **Marmorpalais** (siehe Coverfoto) genannt. Auch bei der Gestaltung des umliegenden Neuen Gartens wurden andere Maßstäbe angelegt. Gegen die barock-strengen Formen von Sanssouci wirkte der von

Johann August Eyserbeck 1793 vollendete Landschaftsgarten mit Tempeln, Holländerhäusern und einer Grotte romantisch-verspielt.

Im Gegensatz zum Großen Friedrich, der wenig Rücksicht auf andere genommen hatte, versuchte sein Neffe, auch den Bürgern Gutes zu tun. Er ließ die erste Chaussee Preußens bauen, die Potsdam über die Glienicker Brücke mit Berlin verband und den Verkehr erheblich erleichterte. Auch die Zwangsarbeit für die Zöglinge des Großen Militärwaisenhauses wurde abgeschafft. Friedrich Wilhelm II. spielte gern Violoncello und dilettierte als Komponist. Ende Mai und Juni 1789 weilte Mozart für einige Wochen in Potsdam und musizierte für den König. Friedrich Wilhelm II. erneuerte das Schlosstheater und ließ dort und in Sanssouci auch Opern und Operetten aufführen. Damit auch die Bürger am Kunstgenuss teilhaben konnten, veranlasste der König den Bau eines Schauspielhauses und eines Konzertsaals in zentraler Lage am Kanal, die 1795 bzw. 1796 eröffnet wurden. Baumeister waren Michael Philipp Bouman d. J. und Carl Gotthard Langhans, das Relief an der Fassade stammte von Johann Gottfried Schadow.

1896 gastierte auch Beethoven in Potsdam, komponierte zwei Cellosonaten für den König und führte dieselben im Marmorpalais auf. Friedrich

Wilhelm soll wegen des wuchtigen Anschlags Beethovens Angst um seinen Flügel gehabt haben. Im selben Jahr erteilte der König Bouman und Langhans den Auftrag zum Bau eines neuen Palais am Weidendamm. Als Kronprinz hatte er sich einmal richtig verliebt und Wilhelmine Enke, die Tochter eines Hornisten, sogar gegen den Widerstand des „Alten Fritz" zu seiner offiziellen Mätresse gemacht. Als er religiös wurde, verheiratete er sie mit seinem Diener Hans Ritz; später machte er sie zur Gräfin Lichtenau. Für sie ließ er ein frühklassizistisches Palais errichten, doch sie hat es nie betreten. Als der König am 16. November 1797 im Marmorpalais starb, ließ sein

Sohn Friedrich Wilhelm III. die einstige Nebenbuhlerin seiner Mutter, sofort verhaften und auf die Festung Glogau bringen. Das dennoch Palais Lichtenau genannte Gebäude erhielt Ritz als Abfindung.

Schon Friedrich Wilhelm II. hatte, wie um seinem despotischen Onkel nachträglich eins auszuwischen, Berlin wieder zur Hauptresidenz gemacht. Sein Sohn konnte mit Potsdam noch weniger anfangen, zumal ihm der Papa einen Schuldenberg von 48 Millionen Talern hinterlassen hatte. Trotzdem musste eine neue Sommerresidenz her, also ließ er das Gutshaus in Pa-

Die Gotische Bibliothek am Südufer des Heiligen Sees

retz ab 1797 zu einem klassizistischen Landschloss umbauen und lebte dort im Sommer mit seiner Luise. Wenn er mal in Potsdam weilte, wohnte er in den Räumen im Stadtschloss, die ihm schon als Kronprinz zugewiesen worden waren. Potsdam verdankte ihm immerhin ein „Belvedere", das er 1803 auf dem Brauhausberg nach Plänen von Andreas Ludwig Krüger (als neogotische Turmanlage) errichten ließ.

Unter dem Soldatenkönig und Friedrich II. war Potsdam zu Größe und Glanz gekommen, unter dem „dicken Lüderjahn" hatten so lose Sitten Einzug gehalten, dass sein Sohn den Umgang von Offizieren mit Bürgertöchtern streng reglementieren musste.

Nun entwickelte sich Potsdam, sieht man einmal vom Theater und Vergnügungsstätten wie dem Bertini'schen Kaffeehaus oder dem alten Jagdschloss am Stern ab, zu einer Art Geisterstadt. Rulemann Friedrich Eylert (1788–1852), erster Biograf Friedrich Wilhelms III., schilderte es so: „Potsdam war damals in den Jahren, die 1806 vorangingen, ein unangenehmer Ort. Wenngleich in einer zwar nicht fruchtbaren, doch schönen Umgebung die zweite Residenz und die Garnisonsstadt der Garden, hatte sie in ihren menschenleeren breiten Straßen, in ihren prächtigen Häusern doch etwas Unheimliches und Ödes. Überall trat das Kasernenartige, dessen innere

Armut die äußere reiche Fassade nicht verdecken konnte, entgegen (...)."
Eylert spielte damit auf die Dauerpräsenz von Uniformen an – und es sollte noch schlimmer kommen. Am 14. Oktober1806 wurde die preußische Armee bei Jena und Auerstedt geschlagen; der König floh mit seiner Familie nach Ostpreußen. Am 25. Oktober besuchte Napoleon Potsdam, nahm im Schloss Quartier und ließ sich in die Gruft der Garnisonkirche zum Grab des von ihm bewunderten „Großen Friedrich" führen. Bevor er am 26. Oktober abreiste, verbot er noch, Sanssouci zu plündern. Bis 1809 blieben nun über 20.000 Franzosen und rund 12.000 Pferde in der Kleinstadt mit knapp

20.000 Einwohnern, die schnell verarmte. Dann durfte der Preußenkönig zurückkehren, aber erst als Napoleon besiegt war, ging es voran. Treibende Kraft war Peter Joseph Lenné, der 1816 als Gartengehilfe in Potsdam begann, schnell Karriere machte und in seinen fünfzig Dienstjahren als Landschaftsgestalter wesentliche Teile dessen schuf, was wir heute Berlin-Potsdamer Kulturlandschaft nennen. Er gab, nachdem 1825 der Charlottenhofer Parkteil dazugekauft worden war, dem Park von Sanssouci seine heute noch zu bewundernde Form, überarbeitete den Neuen Garten und gestaltete den Pfingstberg gärtnerisch, wobei er den von Karl Friedrich Schinkel 1800 erbauten Pomonatempel einbezog. Auch die Parkanlagen von Sacrow und Babelsberg hat Lenné geprägt, wenngleich er bei letzterem Projekt in Ungnade fiel und sein Konkurrent Fürst Hermann von Pückler-Muskau die Anlage vollendete.

Ein besonderer Geniestreich gelang mit der **Kolonie Alexandrowka** 1826/27. Friedrich Wilhelm III. plante sie in Form eines Hippodroms um eine Wegkreuzung, die ein Andreaskreuz bildet. Mit dieser Siedlung wollte er an seinen Freund, den Zaren Alexander I.

Haus Nr. 1 in der Kolonie Alexandrowka wird als russisches Café genutzt

und die russisch-preußische Waffenbrüderschaft erinnern. Für die dort wohnenden russischen Familien ließ er 1828/29 nach Entwürfen von Schinkel und Wassili Petrowitsch Stassow die russisch-orthodoxe Alexander-Newski-Kapelle bauen.

Seinen Söhnen schenkte der sonst sparsame König die Schlösser Glienicke, Charlottenhof und Babelsberg, die Schinkel von 1825 bis 1834 aus- bzw. umbaute. 1830 begann man, die 1795 abgebrannte Nikolaikirche am Alten Markt neu aufzubauen; die Entwürfe lieferte der viel beschäftigte Schinkel. Die Ausführung des kubischen Unterbaus übernahm Ludwig Persius, der mit Friedrich August Stüler auch die zweite

Bauphase 1843 bis 1849 leitete, in der die Tambourkuppel und die Ecktürme entstanden.

Unter Regierung Friedrich Wilhelms III. hatte sich Potsdam, mit nun knapp 27.000 Einwohnern, in eine Bürger- und Beamtenstadt verwandelt, war eher Verwaltungszentrum als Residenz. Natürlich gab es weiterhin eine starke Garnison, aber die Soldaten prägten nicht mehr das Straßenbild, denn statt der Bürgerquartiere nutzte man verstärkt Kasernen. Der König starb am 7. Juni 1840 in Berlin und wurde an der Seite seiner Luise im Charlottenburger Mausoleum zur letzten Ruhe gebettet.

Romantische Kulturlandschaft und kaiserliche Bürgerstadt

Lange hatte sich Friedrich Wilhelm III. gegen den Bau einer Eisenbahn gesträubt. Als die Bahnlinie zwischen Berlin und Potsdam im Oktober 1838 eröffnet wurde, blieb der König dem Spektakel fern, während der Kronprinz begeistert teilnahm. Der 45-Jährige stand, als er am 21. September 1840 die Regierung übernahm, ohnehin in dem Ruf, aufgeschlossener zu sein als sein Vorgänger, und dazu den Künsten zugeneigt. Alexander von Humboldt diente ihm als Vorleser und

Stadtführer, Ludwig Tieck war ihm ein Freund. Bald nannte man Friedrich Wilhelm IV. den „Romantiker auf dem Königsthron". Er war sehr an Potsdam interessiert, erwählte das gute alte Sanssouci zu seinem Sommerschloss, ließ ab 1841 westlich der Stadt einen Wildpark einhegen und erteilte seinen ausführenden Köpfen, dem Landschaftsgestalter Lenné und den Architekten Schinkel, Stüler, Persius und Hesse, immer neue Aufträge.

Sein Ziel, aus der Umgebung von Berlin und Potsdam einen einzigen großen Garten zu machen, erforderte erst einmal Investitionen in die Infrastruktur. Das erste entsprechende Gebäude muss den Potsdamern *spanisch* vorgekommen sein, und falls sie dabei an al-Andalus dachten, lagen sie gar nicht so falsch. Von 1841 bis 1843 entstand an der Neustädter Havelbucht nach Entwürfen von Persius ein Gebäudekomplex, der wie eine Moschee mit Minarett aussah. Tatsächlich kaschierte die Fassade eine leistungsstarke Pumpe, um die Parkanlagen von Sanssouci besser mit Wasser versorgen zu können.

Friedrich Wilhelm IV. bevorzugte den italienischen Stil und ließ seine Architekten 1845 im Marlygarten die der Basilika San Clemente in Rom

Dampfmaschinenhaus zum Betrieb der Wasserspiele in Sanssouci

nachempfundene Friedenskirche errichten. Auch sein Krongut Bornstedt (siehe Foto) wurde 1846 bis 1848 von Johann Heinrich Haeberlin im italienischen Stil neu gestaltet. Die Kulturlandschaft rund um Potsdam nahm Gestalt an, und die Bürger zogen mit. Auch Grundstücke, die nicht der Krone gehörten, wurden mit Villen im italienischen Landhausstil bebaut. Die Bevölkerungszahl von Potsdam wuchs bis 1855 auf knapp 40.000.

Nach der gescheiterten Revolution von 1848/49 war es mit der Popularität des Königs vorbei. Sein Bruder Wilhelm hatte in Berlin im März 1848 auf die Aufständischen schießen lassen. In Potsdam war es dagegen

Theaters am Tiefen See ziehen (siehe Foto). Und die Abgeordneten des Brandenburger Landtags 2014 in ein modernes Parlamentsgebäude, das sich hinter der historischen Schlossfassade verbarg.

Die St. Nikolaikirche war nach schwerer Zerstörung im Krieg nach und nach aufgebaut und 1981 wieder geweiht worden. Auf dem Platz, wo die „Blechbüchse" gestanden hatte, konnte schließlich 2016 das von Milliardär Hasso Plattner finanzierte rekonstruierte Palais Barberini als Kunstmuseum (im Bild Seite 122/123) eröffnet werden. Es entwickelte sich schnell zu einer Attraktion der Stadt.

ruhig geblieben – wegen der hohen Militär- und Adelspräsenz kein Wunder. Deshalb spottete man: „Berlin rebelliert – Potsdam pariert". Doch im April, Friedrich Wilhelm IV. regierte inzwischen von Potsdam aus, kam es zu ersten Protesten – Arbeitslose forderten Brot für ihre hungernden Familien. Im September meuterten Gardefüsiliere, weil für Soldaten, die in Berlin auf Revolutionäre geschossen hatten, ein „Blutgeld" gezahlt werden sollte. Der junge Potsdamer Max Dortu übernahm die Führung der Unzufriedenen. Man riss Schienen der Bahnstrecke Potsdam–Berlin heraus, um Militärtransporte in die Hauptstadt zu verhindern, und zerschnitt

Telegraphendrähte. Dortu musste fliehen, nahm am badischen Aufstand teil und wurde am 31. Juli 1849 standrechtlich erschossen. An ihn erinnert eine Straße im Herzen der Stadt. Und der König? Wie zum Trotz inspizierte er in dieser Zeit die Vorbereitungen zu seinem letzten Projekt, der Neuen Orangerie, die von 1851 bis 1864 auf dem Bornstedter Höhenzug am Nordrand des Parks von Sanssouci von Stüler und Hesse errichtet wurde. Ihre Vollendung hat Friedrich Wilhelm IV. nicht mehr erlebt. Seit Jahren litt er an Gehirnverkalkung. 1858 übergab er die Regierungsgeschäfte an seinen Bruder. Am 2. Januar 1861 starb „der letzte leidenschaftliche Bauherr" (Paul

Ortwin Rave) von Potsdam, kinderlos im Schloss Sanssouci.

Wilhelm I., der „Kartätschenprinz" (Max Dortu) war 64 Jahre alt, als er König von Preußen wurde. Sein Bruder hatte für das Schöne und Harmonische gestanden, Wilhelm begeisterte sich für Größe, Macht und Tradition. Potsdam verkörperte für ihn, mehr als Berlin, das starke Preußen. So ließ er 1866 alle erbeuteten Fahnen und Standarten in der Garnisonkirche ausstellen. Im Straßenbild sah man wieder mehr Uniformierte, die allerdings nicht, wie früher, herumschlenderten, sondern sich im Paradeschritt bewegten. Bereits 1864 war die Gewehrfabrik zu einer Kaserne für das 1. Garderegiment zu Fuß umgebaut worden. An der Jägerallee entstand 1867/68 eine Kaserne für das 3. Garde-Ulanen-Regiment. Ansonsten ließ Wilhelm I. nicht viel in Potsdam bauen, sieht man einmal davon ab, dass er Sankt Peter und Paul, die katholische Garnison- und Pfarrkirche am Bassinplatz, nach Plänen von Wilhelm Salzenberg im spätromantischen Stil erneuern ließ.

1871 wurde das Deutsche Reich gegründet und Wilhelm I. zum Kaiser gekrönt. Ein wirtschaftlicher Aufschwung begann, an dem auch Potsdam partizipierte. Hier, da waren sich Adel und Bürger ausnahmsweise einmal einig, sollten nicht wie in Berlin Schlote in der Innenstadt die Luft verpesten, hier,

genauer in **Schloss Babelsberg** (siehe Foto), wohnte jetzt ein Kaiser! Reiche Berliner suchten seine Nähe und bauten sich Villen in der Umgebung, und wer nicht ganz so reich war, kam wenigstens zu Besuch nach Potsdam.
Die Stadt wurde moderner, ohne ihr Gesicht zu verlieren. Ab 1877 arbeitete ein Klärwerk, ab 1880 konnte man eine (noch von Pferden gezogene) erste Straßenbahn benutzen. Entlang der Eisenbahn entstanden neue Bahnhöfe und Haltepunkte. Ganz aufhalten ließ sich die Industrialisierung nicht, aber sie konzentrierte sich vor allem auf den aus einer Kolonie böhmisch-protestantischer Weber hervorgegangenen Nachbar-

ort Nowawes. Dort produzierte die Baumwollspinnerei Busch & Arntz, unweit davon, in Drewitz, ab 1899 der Lokomotivbauer Orenstein & Koppel. Auch die Wissenschaften etablierten sich in Potsdam. 1874 wechselte das Astrophysikalische Observatorium von Berlin an den Telegraphenberg; 1892 gründete man das Potsdamer Meteorologische Institut.

Am 9. März 1888 war Kaiser Wilhelm gestorben und an der Seite seiner Eltern in Charlottenburg bestattet worden. Sein Sohn wurde als Friedrich III. für 99 Tage Kaiser. Schon am 15. Juni 1888 starb er im Neuen Palais am Kehlkopfkrebs und wurde in der Friedenskirche beigesetzt. Nun regierte der 29jährige Wilhelm II., ein Mann, der gern mit dem Säbel rasselte. Für Potsdam startete er ab 1891 eine Kasernenbauoffensive; außerdem wurde auf dem Brauhausberg ab 1899 die zentrale Kriegsschule errichtet. Durch Eingemeindungen von Rittergütern hatte sich die Stadtfläche von rund 900 Hektar (um 1850) bis auf 1350 Hektar (1905) vergrößert; der Abriss der Stadtmauer in den 1890er Jahren begünstigte das Baugeschehen. Das erste Elektrizitätswerk ging 1902 in Betrieb. 1900 respektive 1907 bekamen die Kaiserliche Oberpostdirektion und die Provinzialregierung neue, repräsentative Gebäude, und 1910 bis 1913 entstand in der Brandenburger

Vorstadt ein Luftschiffhafen mit der damals größten Zeppelinhalle der Welt. Am Sonnabend, dem 1. August 1914, unterzeichnete der Kaiser im Neuen Palais den Mobilmachungsbefehl, und dann begann der große Krieg. Hatte sich die Bevölkerungszahl von 1871 (knapp 44.000) bis 1910 (mehr als 62.000) stetig erhöht, sank sie bis Dezember 1917 auf 53.000. Trotz zunehmenden Mangels an Arbeitskräften wurde aber noch ein letztes Schloss gebaut. Im Nordteil des Neuen Gartens entstand 1913 bis 1917 nach Plänen von Paul Schultze-Naumburg Cecilienhof im englischen Landhausstil für die Familie des Kronprinzen Wilhelm. Es war winterfest und mit 176 Räumen recht „geräumig" – das Kronprinzenpaar hatte ja auch sechs Kinder! Lange konnten sie sich nicht am neuen Heim erfreuen. Am 9. November 1918 verbreitete das Wolff'sche Telegraphenbüro die amtliche Mitteilung: „Der Kaiser und König hat sich entschlossen, dem Throne zu entsagen." Am nächsten Tag reiste „Wilhelm der Letzte" nach den Niederlanden, wo ihm politisches Asyl gewährt wurde. Ihm folgten seine Auguste Viktoria sowie 58 Waggons mit dem Nötigsten aus den Schlössern: Gemälde, Möbel, Geschirr ...

Während der Revolution blieb es ruhig in Potsdam, nur die Arbeiter in Nowawes zeigten ein wenig Elan.

Kaisertreu dem Führer winkend in die Nacht

Eine Art Revolution gab es dann doch in Potsdam – auf dem Gebiet der Baukunst. Erich Mendelsohn entwarf 1919 den Einsteinturm, der 1922 eingeweiht wurde; ein seltenes Beispiel für expressionistische Architektur (siehe Foto). Doch Potsdam war nicht so modern wie dieses Bauwerk. Obwohl im Schloss nun die Stadtverordneten tagten, lebte der Geist der Hohenzollern in der ehemaligen Residenzstadt weiter. Als Ex-Kaiserin Auguste Viktoria am 19. April 1921 im Antikentempel des Parks von Sanssouci beigesetzt wurde, standen Tausende Spalier.

Potsdam fremdelte mit der Weimarer Republik und wählte im Zweifel konservativ, Nowawes, ab 1924 mit Stadtrechten versehen, eher links. Dazwischen lag Babelsberg und schrieb (Film)Geschichte. Bereits 1912 war im ersten Studio, einer 300 qm großen Glashalle, der erste Film gedreht worden. Ab 1921 übernahm die UFA den Betrieb und wurde eine weltberühmte Produzentin von Kinofilmen. Kein Wunder, dass sich in den Villen nahe des Griebnitzsees viel Filmprominenz ansiedelte. Die DEFA nutzte das Gelände von 1946 bis 1992; nach 1990 siedelten sich in Babelsberg der RBB und die Filmhochschule an. In der heutigen Medienstadt arbeiten Studios für Produzenten aus aller Welt, und fürs neugierige Publikum gibt es den Filmpark, wo man in Kinoträumen schwelgen kann ...

1926 bis 1928 wuchs Potsdam wieder einmal und konnte seine Fläche auf 3206 Hektar mehr als verdoppeln, weil mehrere Gutsbezirke und der gesamte Komplex von Sanssouci eingemeindet worden waren. Die Einwohnerzahl lag nun bei rund 72.000. Mit den kaisertreuen Potsdamern hatten es die Nationalsozialisten nicht leicht. Bei den Wahlen 1929 errangen sie nur drei von 43 Sitzen in der Stadtverordnetenversammlung und wurden erst, nachdem der Staatsterror schon ein-

S. 86/87: Filmstadt Babelsberg

IN PRODUCTION
CONTROL
BOSETTI LATE NIGHT
GUTE ZEITEN SCHLECHTE ZEITEN
Welcome to Studio Babelsberg

STUDIO BABELSBERG

gesetzt hatte, am 12. März 1933, mit 43 % stärkste Fraktion im Stadtparlament, das sich Ende Dezember 1933 auflöste. Zuvor, am 21. März 1933, hatte der „Tag von Potsdam" mit dem symbolträchtigen Händedruck von Hindenburg und Hitler stattgefunden. Auch Ex-Kronprinz Wilhelm ließ sich an der Seite des „Führers" sehen. Er hoffte in Hitlers Reich wieder auf eine hohe Position, doch man konnte auf den „Affen" und „Anschmeißer" (Goebbels in seinen Tagebüchern) gut verzichten.

Hitler ließ keinen Zweifel daran, dass er seinem Vorbild, dem Angriffskriegskönig Friedrich II., nacheifern wollte. Dementsprechend begann auch in

Potsdam eine rege Bautätigkeit. Neben einigen Siedlungen entstanden von 1934 bis 1939 vier weitere Kasernen, dazu ein Offiziersheim, eine Reichsführerinnenschule und die Unteroffiziersschule in Eiche. Historische Gebäude wurden neu genutzt: die ehemalige Kadettenanstalt als NAPOLA (Nationalpolitische Lehranstalt), die Communs des Neuen Palais als Reichsführerschule des Arbeitsdienstes. In die Villa Bergmann am Tiefen See zog die Führerinnenschule des BDM, in das nahe gelegene ehemalige Jüdische Mädchenheim die Führerschule der HJ. Außerdem wurde die Kriegsschule in Bornstedt erweitert. Apropos erweitert: Ab 1935 gehörten die Dörfer

Bornim, Bornstedt, Eiche und Nedlitz zu Potsdam; 1938 folgte das aus Nowawes und Neubabelsberg gebildete Babelsberg, 1939 dann Bergholz-Rehbrücke, Drewitz, Fahrland, Geltow, Golm, Grube, Krampnitz, Nattwerder, Neu Fahrland und Sacrow. Potsdam hatte damit 135.892 Einwohner und war zur Großstadt geworden.

Zu Beginn des Zweiten Weltkriegs bestand die Potsdamer Garnison nominal aus etwa 15.000 Soldaten, jedoch befanden sich die meisten schon in Aufmarschräumen an der Front. Ab Juni 1940 fielen immer wieder Bomben auf die Stadt, aber es handelte sich nicht um gezielte Angriffe, sondern um Fehl- oder Notabwürfe bei

Anflügen auf Berlin. Der Alltag wurde komplizierter, Lebensmittel und Kleidung waren rationiert. Tausende Zwangsarbeiter sorgten dafür, dass die Infrastruktur funktionierte. Im Juni 1940 war in der Bergstraße 1 ein jüdisches Altenheim eingerichtet worden, das in der Folge als Sammelstelle für Deportationen ins Rigaer Ghetto und die Vernichtungslager genutzt wurde. Die Synagoge am Wilhelmplatz und die Judenkapelle auf dem Pfingstberg waren bereits am 9. November 1938 zerstört worden. Am 16. Januar 1943 konnte Potsdam „judenrein" gemeldet werden – dabei hatte hier einst der von den Nazis verehrte Preußenkönig (leider nicht nur mit den Habsburgern, sondern auch mit der deutschen Sprache auf Kriegsfuß stehend) befohlen: „Die Religionen Müssen alle Tolleriret werden (...) den hier mus ein jeder nach Seiner Fasson Selich werden." Synagogen wurden in Potsdam erst 2021 (Kleine Synagoge am Neuen Palais) und 2024 (**Synagogenzentrum Potsdam**) zwischen Altem und Neuem Markt wieder eröffnet.

Immerhin gab es auch Widerstand gegen das NS-Regime, aus den Reihen der verbotenen KPD, aber auch aus sozialdemokratischen, evangelischen und liberalen bürgerlichen Kreisen.

Neues Jüdisches Synagogenzentrum im historischen Stadtzentrum

Unter dem Eindruck der Kriegsverbrechen von SS und Wehrmacht sowie der bevorstehenden Niederlage versuchten auch Militärangehörige, das Töten zu beenden. Der Putschversuch vom 20. Juli 1944, an dessen Vorbereitung Offiziere aus dem Potsdamer Infanterie-Regiment 9 beteiligt waren, scheiterte jedoch, und der Krieg ging weiter. Trecks aus den Ostgebieten kündigten an, dass sich die Front näherte. Ende März 1945 lebten fast 30.000 Flüchtlinge in der Stadt. Am 14. April kam es zu einem verheerenden Bombenangriff, zur „Nacht von Potsdam". 724 Flugzeuge der Royal Air Force warfen ab 22.40 Uhr über 1.500 Tonnen Brand- und Sprengbomben auf die Innenstadt; 1.593 Menschen starben. Strom, Gas und Wasser fielen weitgehend aus, die Bevölkerung plünderte Betriebe, Lagerhäuser und Geschäfte. Gauleiter Emil Stürtz hatte Potsdam zur Festung erklärt und die Glienicker sowie die Lange Brücke sprengen lassen. Am 24. April 1945 erreichten sowjetische Panzer Babelsberg und Rehbrücke, dann folgten zwei Tage mit Tieffliegerangriffen und Artilleriebeschuss, und am 27. April rückte die Rote Armee mühsam ins Stadtzentrum vor, denn die meisten Straßen waren unpassierbar. Von den 1.656 Gebäuden waren nur 55 unbeschädigt geblieben, 509 waren völlig zerstört.

Langsam normalisierte sich das Leben in Potsdam, Straßen wurden geräumt und Brücken repariert. Man setzte bevorzugt Wohngebäude instand, um den rund 111.000 Einwohnern ein Dach überm Kopf zu geben. Oberbürgermeister Walter Paul (KPD) verhinderte, dass die Bäume im Park von Sanssouci gefällt und verheizt wurden.

Vom 17. Juni bis 2. August 1945 tagten im Schloss Cecilienhof (siehe Foto) die Regierungschefs der Hauptmächte der Antihitlerkoalition und verabschiedeten das berühmte Potsdamer Abkommen. Während der Konferenz wohnte Harry Truman in der Villa, die sich Fontane-Verleger Carl Müller-Grote 1891/92 in Neubabels-

berg hatte bauen lassen. Von dort aus erließ er den Befehl, Atombomben auf Hiroshima und Nagasaki zu werfen. Nach Trumans Rede am 12. März 1947 kühlte das Verhältnis der ehemaligen Verbündeten so weit ab, dass man später vom Beginn des „Kalten Krieges" sprach. Mit Gründung der BRD am 23. Mai 1949 sowie der DDR am 7. Oktober 1949 wurde Deutschland geteilt. Bis 1952 gab es noch ein Land Brandenburg, dann wurden neue Verwaltungseinheiten gebildet. Potsdam war nun Hauptstadt des gleichnamigen Bezirks der DDR.

Auferstanden aus Ruinen – Potsdam als Bezirkshauptstadt der DDR

Potsdam war bekannt gewesen als Beamten- und Garnisonsstadt, es existierten auch ein paar wissenschaftliche Institute, aber nennenswerte Hochschulen hatte es nie gegeben. Das änderte sich unter der neuen Führung. Bereits 1948 war die Brandenburgische Landeshochschule gegründet worden, die 1951 in Pädagogische Hochschule umbenannt wurde. Aus ihr ging später die Universität Potsdam hervor. Durch Fusion der 1947 gegründeten Deutschen Verwaltungsakademie mit der 1952 geschaffenen Deutschen Hochschule der Justiz entstand 1953 am Griebnitzsee die Deutsche Akademie für Staats- und Rechtswissenschaften. In Golm wurde 1951 die Schule des Ministeriums für Staatssicherheit etabliert (1965 in Juristische Hochschule Potsdam umbenannt).

Nominal entschieden die Stadtverordneten über die Geschicke Potsdams. Es gab zwar ein Mehrparteiensystem, aber dieser „demokratische Block" wurde von der SED dominiert. Oft wurden Beschlüsse aus ideologischen Gründen modifiziert oder ganz verworfen. Das zeigte sich auch beim Umgang mit dem preußischen Erbe.

An erster Stelle stand das Wohlergehen der Bevölkerung. Gärten und Parks pflegte man, weil sie der Naherholung dienten; die historischen Gebäude, Schlösser etc. jedoch sicherte man nur gegen weitere Schäden, bis über die zukünftige Verwendung entschieden wurde. Nicht zu retten war das völlig ausgebrannte Stadtschloss, das 1959/60 abgetragen wurde, obwohl sich viele für einen Wiederaufbau eingesetzt hatten. Schon Ende der 1940er Jahre waren die Ruinen der Gontard-Bauten an der Nordseite des Platzes der Einheit und das Palais Barberini beseitigt worden. 1960 fiel die **Heiliggeistkirche** der Abrissbirne zum Opfer; ihr Turm wurde 1974 gesprengt.

Das durch Artilleriebeschuss beschädigte Schauspielhaus hatte lange eine Chance, wurde aber 1966/67 doch abgerissen. Im Folgejahr sprengte man die Ruine der Garnisonkirche, auf persönlichen Befehl Walter Ulbrichts, der in ihr ein Symbol des preußischen Militarismus zu sehen glaubte.
In den 1960er Jahren setzte sich ein Konzept durch, nach welchem im Zentrum moderne und traditionelle Architektur eine Einheit bilden sollten. Hatte man sich in den 1950er Jahren noch an den historischen Stadtgrundriss

Seniorenresidenz »Heilig Geist Park« erinnert an die einstige Heiliggeistkirche

gehalten, setzte mit der kostengünstigen Großblockbauweise ein freierer Umgang mit den überkommenen Strukturen ein. 1961 errichtete man - ohne architektonischen Bezug auf den Stadtkern - das neue Zentrum Süd, an dessen Rand 1970/71 auch Hochhäuser entstanden. Im Jahr darauf wurde der Stadtkanal zugeschüttet. Als die Lange Brücke 1957 bis 1963 wiedererrichtet wurde, führte die neue Straße Richtung Norden (heute: Breite Straße) über das Gelände des Stadtschlosses und trennte dieses vom Lustgarten, in welchem von 1966 bis 1969 das Interhotel Potsdam (heute: Mercure) als neuer Blickfang entstand.

Auch das 1968/69 anstelle der Alten

Post errichtete 30 Meter hohe Haus des Reisens erhob sich über die Gebäude aus der ersten barocken Stadterweiterung. Gut gelang die Verbindung von Alt und Neu bei der Rekonstruktion des Alten Rathauses und des Knobelsdorff-Hauses am Alten Markt. Die Fassadenflucht wurde beibehalten, die Gebäude aber unter einem Dach zusammengefasst, unter welchem auch der Verbindungsbau, Ersatz für das komplett zerstörte ehemalige Wohnhaus des Bäckers Windelband, Platz fand. Der Komplex wurde 1966 als „Kulturhaus Hans Marchwitza" eröffnet; in ihm befindet sich heute das Potsdam Museum (siehe Foto Alter Markt Seite 106/107).

POTSDAM MUSEUM

In den 1970er Jahren wurden neue Akzente gesetzt. Nach der Schwimmhalle auf dem Brauhausberg (1969) entstanden weitere moderne Sportstätten; in der Folge entwickelte sich Potsdam zu einem Leistungszentrum der DDR. Ein Großprojekt war der Ausbau der Wilhelm-Külz-Straße zur „sozialistischen Magistrale", wobei die historische Bausubstanz nach Möglichkeit erhalten wurde. Noch weiter ging der Denkmalschutz während der Rekonstruktion der Klement-Gottwald-Straße (heute: Brandenburger Straße) Mitte der 1970er Jahre; dabei wurden sogar bauliche Veränderungen aus dem 19. Jahrhundert korrigiert, so dass die scherzhaft „Broadway" genannte

Fußgängerzone wieder das Flair des 18. Jahrhunderts verströmte.
1973 hatte die SED ein ambitioniertes Wohnungsbauprogramm beschlossen, das auch in Potsdam umgesetzt werden musste. So begann das größte Bauvorhaben, das die Stadt je gesehen hatte. Innerhalb von 15 Jahren entstanden Großsiedlungen wie Potsdam-West, Schlaatz, Drewitz, Stern und Waldstadt mit über 35.000 in industrieller Bauweise errichteten Wohnblöcken und dazu geplanten Schulen, Kindergärten und Geschäften. Der Baufortschritt ließ sich an den Einwohnerzahlen ablesen. Potsdam hatte zu Beginn der 1950er Jahre 118.180 Einwohner gehabt, die Zahl

reduzierte sich bis 1964 auf 110.083, verblieb bis 1973 ungefähr auf diesem Niveau und stieg dann kontinuierlich von 115.468 auf 142.862 im Jahr 1988. Doch es wurden nicht nur Typenbauten errichtet; es entstanden auch einige Solitäre der „Ostmoderne" wie das 1977 eröffnete Terrassenrestaurant „Minsk" auf dem Brauhausberg (heute Museum **„Kunsthaus DAS MINSK"**, siehe Foto), das von 1971 bis 1977 errichtete Institut für Lehrerbildung (danach: Fachhochschule) mit der Wissenschaftlichen Allgemeinbibliothek (heute: Bildungsforum), das Café Seerose (1983, heute italienisches Restaurant) an der Neustädter Havelbucht oder die Sternkirche im

gleichnamigen Neubaugebiet (1987 bis 1990). Das lange geplante Theater blieb ein Rohbau, denn im Herbst 1989 wurde auch in Potsdam ein neues Kapitel aufgeschlagen. Am 7. Oktober versammelten sich erstmals einige hundert Potsdamer in der Fußgängerzone, um gegen die DDR-Führung zu protestieren – über 100 Personen wurden verhaftet. Am 4. November waren dann Zehntausende, die demonstrierten, und fünf Tage später fiel die Mauer, die Potsdam und (West-)Berlin getrennt hatte.

Landeshauptstadt und Restauration

Mit dem Beitritt der DDR zur BRD am 3. Oktober 1990 entstand das Land Brandenburg neu, mit Potsdam als Hauptstadt. Betriebe wurden privatisiert, Institute abgewickelt, Beschäftigte entlassen. Tausende Alteingesessene flohen vor der Arbeitslosigkeit. Gleichzeitig drängten Menschen aus den westlichen Bundesländern nach Potsdam; hier konnte man schnell Karriere machen, exzellente Immobiliengeschäfte tätigen und ruhig leben: in einer reizvollen, seit 1990 in die Welterbeliste der UNESCO eingeschriebenen Kulturlandschaft in unmittelbarer Nähe der Bundeshauptstadt.

Wieder änderten sich die städtebaulichen Prämissen: Restauration war angesagt. Besonders die Bauten der DDR-Moderne störten und mussten, schon aus ideologischen Gründen, weg, erinnerten sie doch daran, dass jemand versucht hatte, die alte gott- bzw. geldgegebene Ordnung zu stören. Erinnerungsaufgaben wurden anderen Gebäuden übertragen, etwa der „Gedenkstätte für die Opfer politischer Gewalt im 20. Jahrhundert" in der Lindenstraße 54 oder der Gedenkstätte Leistikowstraße im ehemaligen Militärstädtchen Nr. 7 der sowjetischen Besatzungsmacht.

Zu den erstrangigen Aufgaben gehörte die Wiederherstellung der durch den

Mauerbau 1961 gekappten Verkehrsverbindungen. So wurde 1998 bis 2001 die Nutheschnellstraße an die Autobahn 115 angeschlossen und 1999 der neue Hauptbahnhof eröffnet, von den Potsdamern als „Shoppingcenter mit Gleisanschluss" verspottet.

Im selben Jahr wurde an der Nordseite des Neuen Marktes eine über 50 Jahre alte Baulücke geschlossen. Beim Bau des „Bürgerhauses" orientierte sich Architektin Nicola Fortmann-Drühe an dem 1755 von Büring nach einem Entwurf von Palladio errichteten Gebäude, das 1945 zerstört worden war. Die beiden Häuser daneben, 1773 erbaut, beherbergen heute das Einstein-Forum und das Moses-Mendelssohn-

Zentrum. Die Westseite wird durch die klassizistische Fassade des ehemaligen Kutschstalls dominiert, dem heutigen **Brandenburg Museum für Zukunft, Gegenwart und Geschichte** (siehe Foto vom Hauptportal mit der Quadriga). Im Kabinetthaus an der Ostseite (von 1753), einst Residenz des Kronprinzen, wurden Friedrich Wilhelm III. und Wilhelm von Humboldt geboren. Heute residiert hier das Zentrum für Zeithistorische Forschung. Die ehemalige Ratswaage in der Mitte des Platzes wird als Restaurant genutzt.

Nach dem Millennium 1993 war die Bundesgartenschau (BUGA) 2001 das nächste große Ereignis. Auf dem 300 Hektar großen Bornstedter Feld, dem

ältesten Truppenübungsplatz Potsdams, entstanden mehr als 7.000 Wohneinheiten sowie der zentrale Campus der Fachhochschule, von Freizeitanlagen und gärtnerisch gestalteten Grünflächen umgeben. Hauptattraktion des „Volkspark" genannten Geländes, das – ganz im Geiste Lennés – den Park von Sanssouci mit der Bornimer Feldflur verbindet, ist die Tropenhalle der Biosphäre Potsdam. Für die BUGA wurden auch Teile des als Sportstätte genutzten Lustgartens sowie der Freundschaftsinsel neugestaltet und die Grünanlagen des Platzes der Einheit, des wichtigsten Verkehrsknotenpunktes der Stadt, wieder stärker an die Entwürfe Lennés angepasst.

Im Jahr darauf ermöglichte es eine private Spende, das Fortunaportal am Alten Markt nachzubauen.
Der nächste Schritt war, die Wiedererrichtung des Stadtschlosses anzugehen, diesmal nicht für ein gekröntes Haupt und dessen Hofstaat, sondern für viele gewählte Häupter und deren Mitarbeiter. Dafür musste das nach Abriss des Rohbaus aus DDR-Zeit 1991 errichtete provisorische Hans-Otto-Theater verschwinden. Fünf Jahre hatte die „Blechbüchse" als Spielstätte dienen sollen, aus Geldmangel waren fünfzehn daraus geworden. 2006 war es endlich so weit: Das Ensemble konnte in den von Gottfried Böhm entworfenen Neubau des **Hans-Otto-**

Modigliani

Blieb noch ein moderner „Schandfleck": das Gebäude der Fachhochschule. Der Bibliotheksteil wurde umgebaut und durfte bleiben, aber die Front zum Alten Markt mit den auffälligen Stahlbetonlinsen musste, da halfen keine Bürgerproteste, einem Nachbau der „Acht Ecken" genannten Bürgerhäuser aus den 1770er Jahren weichen.

Lange Zeit drohte auch dem Restaurant „Minsk" der Abriss, doch nach dem Erfolg des Museums Barberini kaufte Mäzen Plattner das Gebäude auf dem Brauhausberg und ließ es sanieren. Seit September 2022 wird dort

Noch ohne »Haube«: Die Garnisonkirche

ANNO
WILHELM
WEG DES

Kunst der DDR in einen internationalen Kontext gestellt.

Allmählich gehen den Richtungskämpfen um die Gestaltung Potsdams die Reizobjekte aus. Die Ästheten bevorzugen eine Stadt, die sich möglichst weitgehend an Lenné und den preußischen Baumeistern orientiert. Geschichtsbewusste plädieren dafür, dass Potsdam auch bauliche Narben und Verwerfungen aufweisen darf und die Architektur kein historisches Kapitel „verschweigt".

Ein besonderer Streitpunkt war immer die Garnisonkirche, vor allem wegen ihrer ideologischen Belastung. Letztlich entschieden politischer Einfluss und Spenden über den Wiederaufbau.

Potsdam ist, mit nun über 186.000 Einwohnern, ein lebendiges Gemeinwesen, in dem es sich, wenn man genügend Geld hat, gut leben lässt.
Möge dieser schönen Stadt, die so viele Besucher verzaubert, der Frieden erhalten bleiben.

Literaturverzeichnis

Flegel, Karin: Reclams Städteführer Potsdam. Ditzingen 2022

Gloßmann, Erik: Kleines Potsdam-ABC. Husum 2016

Götzmann, Jutta und Nitz, Wenke: Umkämpfte Wege der Moderne. Petersberg 2019

Hürlimann, Martin und Rave, Paul Ortwin (Hg.): Die Residenzstadt Potsdam. Berlin 1933

Kimmel, Elke und Oesterreich, Ronald: Potsdam. Eine kurze Stadtgeschichte. Erfurt 2003

Klusemann, Christian (Hg.): Das andere Potsdam. DDR-Architekturführer. Berlin 2016

Bildnachweis

Titel- und alle Innenfotos: Günter Pump, Nordhastedt außer Seite 15: Schenkungsurkunde (Public domain; gemeinfrei)